狐狸阿权

[日] 新美南吉 | 著

林真美 | 译　周见信 | 绘

深圳出版社

图书在版编目（CIP）数据

狐狸阿权 / (日) 新美南吉著 ; 林真美译 ; 周见信绘. -- 深圳 : 深圳出版社, 2023.9
ISBN 978-7-5507-3782-2

Ⅰ. ①狐… Ⅱ. ①新… ②林… ③周…Ⅲ. ①童话—日本—现代 Ⅳ. ① I313.88

中国国家版本馆CIP数据核字(2023)第043007号

版权登记号　图字：19-2023-088

狐狸阿权

HULI A QUAN

出 品 人　聂雄前
责任编辑　何　滢
责任校对　张丽珠
责任技编　梁立新
装帧设计　焦泽亮

出版发行　深圳出版社
地　　址　深圳市彩田南路海天综合大厦（518033）
网　　址　www.htph.com.cn
订购电话　0755-83460239（邮购、团购）
印　　刷　深圳市新联美术印刷有限公司
开　　本　787mm×1092mm　1/32
印　　张　4
字　　数　88 千字
版　　次　2023 年 9 月第 1 版
印　　次　2023 年 9 月第 1 次
定　　价　35.00 元

狐狸阿权

山中

1

这是我小时候，在村里听茂平爷爷讲的故事。

以前，在我们村子附近，有一个地方叫中山，那儿有一座小城楼，据说里面住着一位叫中山的城主。

距离中山不远处，有一座山，有一只叫“阿权”的狐狸住在那里。

阿权是一只孤单的小狐狸，它在长满蕨类植物的森林里挖了一个洞，当作它的家。

不管是夜晚还是大白天，阿权都会到附近的村子做一些调皮捣蛋的事。它跑去挖番薯，挖完又随地乱丢，或在晒干的油菜茎上点火，或是扯掉农家挂在后门的辣椒……

有一年秋天，连续下了两三天的雨，阿权哪里都不能去，只能蹲在洞里。

等到雨停，阿权松了一口气，从洞里钻了出来。天空放晴，伯劳鸟“哔哔”的叫声响彻四周。

阿权来到村子的小溪边。只见这一带的芒草，前端都还挂着亮晶晶的小雨滴。

一直以来，小溪的水都不多，但这三天的雨量，让小溪的水暴涨。平常，溪边的芒草或胡枝子的根都不会浸到水，但现在却横倒在浑浊的水面，随着土黄色的水流浮动着。阿权踩着满是泥泞的小路，往下游走去。

阿权猛一抬头，看见溪水的中央有一个人，正在忙着。它怕被发现，小心翼翼地往草深的地方走去，并在那儿静静观看。

“原来是兵十。”阿权默默想着。兵十卷起身上那件破破烂烂的黑色衣服，将下半身浸到水里，用手动了动捕鱼用的渔网。

他的头上绑着头巾，侧边的脸颊上粘着一片圆圆的胡枝子叶，看起来好像脸上有一颗好大的黑痣。

过了一会儿，兵十将渔网尾端装满东西的部分从水里捞起来。里面挤满了草根、草叶、腐朽的木头，等等。不过，在这当中，还能看到闪着亮光的白色东西，那是肥鳗鱼和白丁鱼的肚皮。

兵十将那些鳗鱼和白丁鱼跟着一大堆垃圾一起扔进鱼篓里。然后，再将渔网捆好，放进水里。

兵十将鱼篓拿上岸，再将它放在河堤边，然后像是要找什么东西似的，往上游跑去。

等到看不见兵十了，阿权就从草堆里跳出来，跑到鱼篓边。它又想恶作剧了。

阿权将鱼篓里的鱼掏出来，对准摆有渔网的溪流，一一朝下游扔去。每条鱼都是一边发出“扑通”的声音，一边跳进混浊的水里。

最后，它准备抓起又粗又肥的鳗鱼，由于鳗鱼的身体滑溜溜的，阿权怎么抓都抓不住。阿权一心急，就把头钻进鱼篓里，用嘴巴咬住鳗鱼的头。鳗鱼发出“咻”的一声，用身体缠住阿权的脖子。就在这时，前方传来兵十愤怒的叫声：

“喂，你这个狐狸畜生。”

阿权吓得跳了起来。

它想甩开鳗鱼快逃，但是鳗鱼紧紧缠住它的脖子不放。阿权只好带着鳗鱼往旁边一闪，拼命逃开。

逃到洞穴附近的一棵榛子树下，阿权回头看，发现兵十并没有追来。

阿权松了一口气，把鳗鱼的头咬碎，好不容易松脱之后，将鳗鱼扔在洞外的草叶上。

2

过了十天左右，阿权路过村民弥助家的屋后，它看到弥助的妻子正在无花果树下化妆，把自己的牙齿涂黑。在路过打铁匠新兵卫家的后门时，它看到新兵卫的妻子正在梳头。

“嗯，村子里好像有事。”阿权想着，“到底是什么事呢？是秋天的祭典吗？”

“如果是祭典的话，应该会有鼓声和笛声。而且，一定会在神社挂上旗子啊。”

阿权边走边想，不知不觉来到兵十的家，他家门前有一口红色的水井。只见这间破旧的小房子里挤满了人。女人穿着外出和服，她们的腰间系着手巾，在门口的炉灶前生火。而大锅子里正煮着东西。

“啊，是丧礼。”阿权想，“兵十家里谁死了呢？”

中午过后，阿权来到村子的坟场，躲在六尊地藏菩萨的背后。今天的天气很好，远处城楼的屋瓦闪闪发亮。坟场开满了彼岸花，一眼望去，像铺了一块红布。

这时，从村里传来“铿铿”的敲钟声。这表示出殡的队伍就要出发了。

终于，隐隐约约看到前方有穿着白色丧服的人出现。说话的声音越来越近。送葬的队伍走进了坟场。人们路过后，彼岸花都被踩扁了。

阿权伸长脖子往前看。它看见兵十穿着丧服，捧着牌位。他的脸平时看起来红通通的，像个饱满的番薯，可是今天却好像干瘪掉了，一点精神都没有。

“啊，原来是兵十的妈妈死了。”

阿权一边想着一边低下头来。

那天晚上，阿权在洞里思索：

“兵十的妈妈一定是躺在病榻上，说她想吃鳗鱼，所以兵十才把渔网拿出来。没想到，因为我的恶作剧，把他的鳗鱼拿走了。结果，害得兵十不能给他妈妈吃鳗鱼。他的妈妈想必就这样死了。

“啊，她一定是一边想着‘我想吃鳗鱼，我想吃鳗鱼’，然后就死了。要是我不那样恶作剧就好了。”

3

兵十在红色水井边磨麦子。

一直以来，兵十都跟妈妈相依为命，一起过着穷苦的日子，妈妈去世以后，就剩下他孤单一人了。

阿权从置物间的后边看向兵十，心想：

“兵十跟我一样，也变得无依无靠了。”

阿权离开置物间，朝外头走去。这时，不知从什么地方传来叫卖沙丁鱼的声音。

“便宜的沙丁鱼，新鲜活跳的沙丁鱼喔。”

阿权朝这个吆喝声跑去。这时，弥助的太太在后门叫道：“给我来点沙丁鱼。”

卖鱼的将推车停放在路边，推车上满是装着沙丁鱼的篓子。他两手捧着闪亮的沙丁鱼，进到弥助的家中。阿权利用这个空当，从篓子里抓出五六条沙丁鱼，转头折回原路。然后，对着兵十家的后门，将沙丁鱼扔进屋里。扔完了，便朝着自己的洞穴跑去。

中途，它在坡道上回头望了一眼，看到远处兵十那小小的身影，还在水井边磨着麦子。

阿权心想，为了弥补之前拿走鳗鱼的过错，自己总算做了一件好事。

第二天，阿权在山里捡了一堆栗子。它捧着栗子朝兵十的家走去。它从后门往里面探了探，看到兵十正在吃中饭，但是，他拿着碗，一副若有所思的样子。奇怪的是，兵十的脸颊上有擦伤的痕迹。阿权正在想到底发生了什么事，就听到兵十喃喃自语：

“到底是谁把沙丁鱼这东西扔进来的？害我被当成小偷，被卖沙丁鱼的那家伙狠狠揍了一顿。”

阿权心想，这太糟了。可怜的兵十，被卖沙丁鱼的殴打得满脸是伤。

阿权一边懊恼，一边悄悄绕到置物间门口，放下栗子后，便回去了。

接下来几天，阿权只要捡了栗子，就送到兵十家去。甚至，不只栗子，有一天它还放了两三个松茸。

4

在一个月色美好的夜晚，阿权到外面溜达。当它从中山城的城楼下方走过时，发现小路上好像有人迎面走来。它听到他们说话的声音，还有金琵琶（一种蟋蟀）“唧铃唧铃”的叫声。

阿权躲在路边，按兵不动。说话声越来越近了。原来是兵十和村民加助。

“加助，我跟你说。”兵十说道。

“说什么？”

“我最近遇到非常奇怪的事。”

“怎么说？”

“自从我妈妈死了之后，不知道是谁，每天都会送栗子或松茸来给我。”

“咦，会是谁呢？”

“不晓得啊。每次都是趁我不注意时放的。”

阿权尾随两人。

“真的吗？”

“真的啊。不信的话，你明天过来看看就知道了。我让你看看那些栗子。”

“咦，还真的会有怪事发生啊！”

说完，两人静静地向前走。

加助突然朝后头看了看。阿权吓了一跳，缩起身子停住脚步。加助并没有注意到阿权，继续快步向前走。来到村民吉兵卫的家门口，两人一块儿进屋。屋内传来“叩叩叩叩”敲木鱼的声音。窗纸映照出里面的灯火，上面有个大光头的影子在晃动。

“有人在念经。”

阿权想想，在井边蹲了下来。不久，又有三个人结伴进了吉兵卫的家。屋子里传来念经的声音。

5

阿权一直蹲在井边，等屋里的人把经念完。这时，它看到兵十和加助要回去了。阿权还想听听两人说话，所以就跟在他们后头，一路踩着兵十的影子前进。

来到城楼前，加助开口了：“刚才你说的那件事，我猜一定是神明动的手脚。”

“什么？”兵十瞪大了眼睛，看着加助的脸。

“我刚才一直都在想这件事，我总觉得不是人，是神。神明因为同情你孤孤单单一个人，所以才会送各种东西给你。”

“是这样吗？”

“是呀。所以，你每天都要好好地感谢神明。”

“嗯。”

阿权心想，那家伙好无趣啊。明明是我送栗子和松茸给兵十的，不跟我道谢，还说要感谢神明，我真是太不值了。

6

第二天，阿权还是带着栗子，去兵十的家。兵十在置物间前面搓绳子。于是阿权从后门悄悄进到屋里。

就在那时，兵十正好抬起头来，发现家中竟然来了一只狐狸。之前偷走鳗鱼的那只狐狸，又要来捣蛋了。

“好家伙！”

兵十站起身来，拿出挂在仓库的火枪，将火药塞满。然后，蹑手蹑脚地朝正要走出大门的阿权靠近，对着它，“砰”地开了一枪。阿权应声倒地。兵十跑了过去。他环顾家中，发现地上摆了一堆栗子。

“天啊！”兵十惊讶地看向阿权。

“阿权，是你吗？每天送栗子给我的是你吗？”

阿权瘫软无力地闭上眼睛，点了点头。

兵十的火枪掉落地上。枪口冒着一缕细细的青烟。

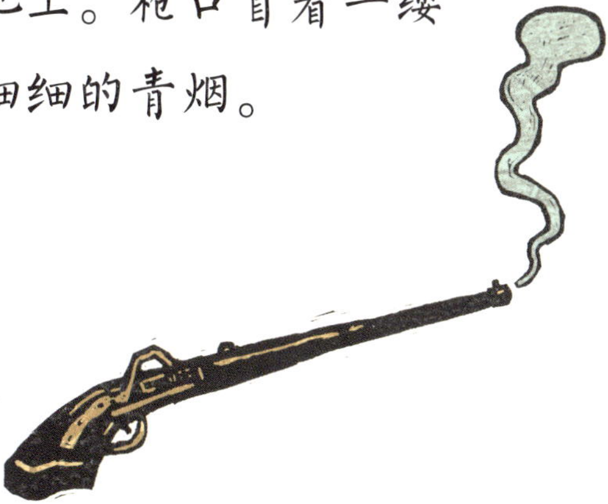

【导读】

感动力超越时空的“心灵教科书”

张桂娥（东吴大学日文系副教授）

新美南吉出生于日本爱知县半田市，是一位英年早逝却留下许多隽永作品的文学青年。他自幼丧母，历经父亲再婚又离婚，异母胞弟出生后，他被送回生母娘家，过继给生母的继母当养子。不到几个月，他因为无法承受孤寂的煎熬，又回到原生家庭，跟父亲与新家庭成员共同生活。

从小文采出众的南吉，十四岁开始创作童谣与童话，为孤寂人生找到释放灵魂的出口。十六岁开始投稿文艺杂志，在上大学之前，作品已陆续刊登在当时最受瞩目的儿童文学刊物《赤鸟》上。同时，他还参加了童谣创作社团，并与诗人巽圣歌和与田准一结识，师事著名诗人北原白秋，其间持续发表作品。一九三一年十月，十八岁的南吉撰写童话《权狐》初稿，经改写后，以《狐狸阿权》为题，刊载于一九三二年一月的《赤鸟》杂志，积极拓展童话作家生涯。令人唏嘘的是，自幼体弱多病的南吉，二十九岁出版生前唯一的童话集《爷爷的煤油灯》之后，不幸病倒，与世长辞。

宛如彗星般发出璀璨闪光划过天际的南吉，

短短二十九年生命，却留下令人赞叹的丰硕创作成果，包括童话、小说、童谣、诗歌、俳句、短歌、剧本、戏曲、随笔、评论、翻译、杂文等，是位才华横溢的全能作家。重要代表作品有《狐狸阿权》《爷爷的煤油灯》《买手套》《拴牛的山茶花树》《花木村和盗贼们》《久助君的故事》《蜗牛的悲伤》等。南吉逝世后，巽圣歌四处奔走，将他的重要作品结集出版，即《拴牛的山茶花树》与《花木村和盗贼们》，让世人有机会探索南吉童话世界的全貌。

南吉的作品主要以故乡知多半岛为舞台，采

用富含故事性的叙事手法，细腻刻画寻常百姓的悲欢岁月、乡村儿童的纯朴生活以及栖息乡间田野的小动物们。故事主题着重于呈现人物间的心灵交流，传述美好良善的生活方式，阐扬普世的价值观。他的作品文笔优美，意境隽永，内心刻画巧妙生动，充满令人耳目一新的幽默感。即使去世将近八十年，作品仍然受到广大读者喜爱。

《狐狸阿权》是南吉最重要的代表作之一，也是出生于第二次世界大战后的日本人一生必读的文章，被誉为日本最著名的儿童文学经典。因为从来没有一篇童话像《狐狸阿权》这样，自

一九五六年首次被收录于日本小学四年级语文教科书之后，至今超过六十年，从未间断。即使进入二十一世纪的令和时代，仍广受日本各大教科书出版社语文教材编审团队青睐。

这篇故事情节虽属虚构，但是南吉在塑造登场人物角色时，并非凭空捏造，而是巧妙融入乡土文化元素，让拟人化的幻想童话带有浓浓的现实色彩。先让读者与登场人物产生共鸣，引领读者透过“阿权”与“兵十”的视角，近距离体会人狐互动交流的场景，让读者更容易融入故事情境，再借由移情作用，感同身受地体会故事人物的心境变化与情绪波动。

这篇故事其实隐含许多问题意识，孩子在阅读故事的过程中，心里会不断产生疑问。当他们将脑海中浮现的种种疑问抛出来跟朋友互相讨论，发表自己的感想与意见时，相信他们可以更深切地体会故事人物的心境变化。即使孩子无法用适当的语言表达复杂的体会历程，但是随着南吉的文字叙述堆砌出的情景，看到故事最后一幕发生的惊人场景时，读者的内心大概都会同感震撼，久久不能言语吧！

当孩子跨越十岁界线，准备迎接青春期时，

容易产生莫名的焦虑情绪，《狐狸阿权》就是这种成长过渡期的“心灵教科书”。这也是这篇作品六十多年来不曾被日本语文教材编审团队“下架”，成为“神级”童话的原因，更是其之所以能超越时空、历久弥新，依然震撼人心的魅力所在。

ごん狐

新美南吉
にいみなんきち

狐
ぎつね

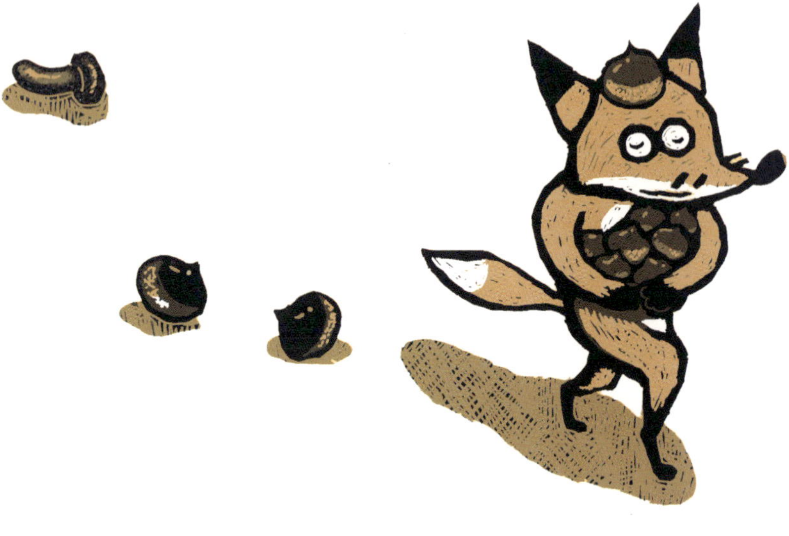

山中

1

これは、私《わたし》が小《ちい》さいときに、村《むら》の茂平《もへい》というおじいさんからきいたお話《はなし》です。

むかしは、私《わたし》たちの村《むら》のちかくの、中山《なかやま》というところに小《ちい》さなお城《しろ》があって、中山《なかやま》さまというおとのさまが、おられたそうです。

その中山《なかやま》から、少《すこ》しはなれた山《やま》の中《なか》に、「ごん狐《ぎつね》」という狐《きつね》がいました。

ごんは、一人《ひとり》ぼっちの小狐《こぎつね》で、しだの一《いっ》ぱいしげった森《もり》の中《なか》に穴《あな》をほって住《す》んでいました。そして、夜《よる》でも昼《ひる》でも、あたりの村《むら》へ出《で》てきて、いたずらばかりしました。はたけへ入《はい》って芋《いも》をほりちらしたり、菜種《なたね》がらの、ほしてあるのへ火《ひ》をつけたり、百姓家《ひゃくしょうや》の裏手《うらて》につるしてあるとんがらしをむしりとって、いったり、いろんなことをしました。

或秋《あるあき》のことでした。二《に》、三日《さんにち》雨《あめ》がふりつづいたその間《あいだ》、ごんは、外《そと》へも出《で》られなくて穴《あな》の中《なか》にしゃがんでいました。

雨《あめ》があがると、ごんは、ほっとして穴《あな》からはい出《で》ました。空《そら》はからっと晴《は》れていて、百舌鳥《もず》の声《こえ》がきんきん、ひびいていました。

ごんは、村《むら》の小川《おがわ》の堤《つつみ》まで出《で》て来《き》ました。あたりの、すすきの穂《ほ》には、まだ雨《あめ》のしずくが光《ひか》っていました。

川《かわ》は、いつもは水《みず》が少《すくな》いのですが、三日《みっか》もの雨《あめ》で、水《みず》が、どっとましていました。ただのときは水《みず》につかることのない、川《かわ》べりのすすきや、萩《はぎ》の株《かぶ》が、黄《き》いろくにごった水《みず》に横《よこ》だおしになって、もまれています。ごんは川下《かわしも》の方《ほう》へと、ぬかるみみちを歩《ある》いていきました。

ふと見《み》ると、川《かわ》の中《なか》に人《ひと》がいて、何《なに》かやっています。

ごんは、見《み》つからないように、そうっと草《くさ》の深《ふか》いところへ歩《ある》きよって、そこからじっとのぞいてみました。

「兵十《ひょうじゅう》だな。」と、ごんは思《おも》いました。兵十《ひょうじゅう》はぼろぼろの黒《くろ》いきものをまくし上《あ》げて、腰《こし》のところまで水《みず》にひたりながら、魚《さかな》をとる、はりきりという、網《あみ》をゆすぶっていました。はちまきをした顔《かお》の横《よこ》っちょうに、まるい萩《はぎ》の葉《は》が一《いち》まい、大《おお》きな黒子《ほくろ》みたいにへばりついていました。

しばらくすると、兵十《ひょうじゅう》は、はりきり網《あみ》の一《いち》ばんうしろの、袋《ふくろ》のようになったところを、水《みず》の中《なか》からもちあげました。その中《なか》には、芝《しば》の根《ね》や、草《くさ》の葉《は》や、くさった木《き》ぎれなどが、ごちゃごちゃはいっていましたが、でもところどころ、白《しろ》いものがきらきら光《ひか》っています。それは、ふというなぎの腹《はら》や、大《おお》きなきすの腹《はら》でした。

兵十《ひょうじゅう》は、びくの中《なか》へ、そのうなぎやきすを、ご

みと一《いっ》しょにぶちこみました。そして、また、袋《ふくろ》の口《くち》をしばって、水《みず》の中《なか》へ入《い》れました。兵十《ひょうじゅう》はそれから、びくをもって川《かわ》から上《あが》りびくを土手《どて》においといて、何《なに》をさがしにか、川上《かわかみ》の方《ほう》へかけていきました。

兵十《ひょうじゅう》がいなくなると、ごんは、ぴょいと草《くさ》の中《なか》からとび出《だ》して、びくのそばへかけつけました。ちょいと、いたずらがしたくなったのです。ごんはびくの中《なか》の魚《さかな》をつかみ出《だ》しては、はりきり網《あみ》のかかっているところより下手《しもて》の川《かわ》の中《なか》を目《め》がけて、ぽんぽんなげこみました。どの魚《さかな》も、「とぼん」と音《おと》を立《た》てながら、にごった水《みず》の中《なか》へもぐりこみました。

一《いち》ばんしまいに、太《ふと》いうなぎをつかみにかかりましたが、何《なに》しろぬるぬるとすべりぬけるので、手《て》ではつかめません。ごんはじれったくなって、頭《あたま》をびくの中《なか》につッこんで、うなぎの頭《あたま》を口《くち》にくわえました。うなぎは、キュッと言《い》ってごんの首《くび》へまきつきました。そのとたんに兵十《ひょうじゅう》が、向《む》うから、「うわァぬすと狐《ぎつね》め。」と、どなりたてました。ごんは、びっくりしてとびあがりました。

うなぎをふりすててにげようとしましたが、うなぎは、ごんの首《くび》にまきついたままはなれません。ごんはそのまま横《よこ》っとびにとび出《だ》して一《いっ》しょうけんめいに、にげていきました。

ほら穴《あな》の近《ちか》くの、はんの木《き》の下《した》でふりかえって見《み》ましたが、兵十《ひょうじゅう》は追《お》っかけては来《き》ませんでした。

ごんは、ほっとして、うなぎの頭《あたま》をかみくだき、やっとはずして穴《あな》のそとの、草《くさ》の葉《は》の上《うえ》にのせておきました。

2

十日《とおか》ほどたって、ごんが、弥助《やすけ》というお百姓《ひゃくしょう》の家《うち》の裏《うら》を通《とお》りかかりますと、そこの、いちじくの木《き》のかげで、弥助《やすけ》の家内《かない》が、おはぐろをつけていました。鍛冶屋《かじや》の新兵衛《しんべえ》の家《うち》のうらを通《とお》ると、新兵衛《しんべえ》の家内《かない》が髪《かみ》をすいていました。ごんは、

「ふふん、村《むら》に何《なに》かあるんだな。」と、思《おも》いました。

「何《なん》だろう、秋祭《あきまつり》かな。祭《まつり》なら、太鼓《たいこ》や笛《ふえ》の音《おと》がしそうなものだ。それに第一《だいいち》、お宮《みや》にのぼりが立《た》つはずだが。」

こんなことを考《かんが》えながらやって来《き》ますと、いつの間《ま》にか、表《おもて》に赤《あか》い井戸《いど》のある、兵十《ひょうじゅう》の家《うち》の前《まえ》へ来《き》ました。その小《ちい》さな、こわれかけた家《いえ》の中《なか》には、大勢《おおぜい》の人《ひと》があつまっていました。よそいきの着物《きもの》を着《き》て、腰《こし》に手拭《てぬぐい》をさげたりした女《おんな》たちが、表《おもて》のかまどで火《ひ》をたいています。大《おお》きな鍋《なべ》の中《なか》では、何《なに》かぐずぐず煮《に》えていました。

「ああ、葬式《そうしき》だ。」と、ごんは思《おも》いました。

「兵十《ひょうじゅう》の家《うち》のだれが死《し》んだんだろう。」

お午《ひる》がすぎると、ごんは、村《むら》の墓地《ぼち》へ行《い》って、六地蔵《ろくじぞう》さんのかげにかくれていました。いいお天《てん》気《き》で、遠《とお》く向《むこ》うには、お城《しろ》の屋根瓦《やねがわら》が光《ひか》っています。墓地《ぼち》には、ひがん花《ばな》が、赤《あか》い布《きれ》のようにさきつづいていました。と、村《むら》の方《ほう》から、カーン、カーン、と、鐘《かね》が鳴《な》って来《き》ました。葬式《そうしき》の出《で》る合図《あいず》です。

やがて、白《しろ》い着物《きもの》を着《き》た葬列《そうれつ》のものたちがやって来《く》るのがちらちら見《み》えはじめました。話声《はなしごえ》も近《ちか》くなりました。葬列《そうれつ》は墓地《ぼち》へはいって来《き》ました。人々《ひとびと》が通《とお》ったあとには、ひがん花《ばな》が、ふみおられていました。

ごんはのびあがって見《み》ました。兵十《ひょうじゅう》が、白《しろ》いかみしもをつけて、位牌《いはい》をささげています。いつもは、赤《あか》いさつま芋《いも》みたいな元気《げんき》のいい顔《かお》が、きょうは

何《なん》だかしおれていました。

「ははん、死《し》んだのは兵十《ひょうじゅう》のおっ母《かあ》だ。」

ごんはそう思《おも》いながら、頭《あたま》をひっこめました。

その晩《ばん》、ごんは、穴《あな》の中《なか》で考《かんが》えました。

「兵十《ひょうじゅう》のおっ母《かあ》は、床《とこ》についていて、うなぎが食《た》べたいと言《い》ったにちがいない。それで兵十《ひょうじゅう》がはりきり網《あみ》をもち出《だ》したんだ。ところが、わしがいたずらをして、うなぎをとって来《き》てしまった。だから兵十《ひょうじゅう》は、おっ母《かあ》にうなぎを食《た》べさせることができなかった。そのままおっ母《かあ》は、死《し》んじゃったにちがいない。ああ、うなぎが食《た》べたい、うなぎが食《た》

べたいとおもいながら、死《し》んだんだろう。ちょッ、
あんないたずらをしなけりゃよかった。」

3

兵十《ひょうじゅう》が、赤《あか》い井戸《いど》のところで、麦《むぎ》をといでいました。

兵十《ひょうじゅう》は今《いま》まで、おっ母《かあ》と二人《ふたり》きりで、貧《まず》しいくらしをしていたもので、おっ母《かあ》が死《し》んでしまっては、もう一人《ひとり》ぼっちでした。

「おれと同《おな》じ一人《ひとり》ぼっちの兵十《ひょうじゅう》か。」

こちらの物置《ものおき》の後《うしろ》から見《み》ていたごんは、そう思《おも》いました。

ごんは物置《ものおき》のそばをはなれて、向《むこ》うへいきかけますと、どこかで、いわしを売《う》る声《こえ》がします。

「いわしのやすうりだァい。いきのいいいわしだァい。」

ごんは、その、いせいのいい声《こえ》のする方《ほう》へ走《はし》っていきました。と、弥助《やすけ》のおかみさんが、裏戸口《うらとぐち》から、

「いわしをおくれ。」と言《い》いました。いわし売《うり》は、

いわしのかごをつんだ車《くるま》を、道《みち》ばたにおいて、ぴかぴか光《ひか》るいわしを両手《りょうて》でつかんで、弥助《やすけ》の家《うち》の中《なか》へもってはいりました。ごんはそのすきまに、かごの中《なか》から、五《ご》、六《ろっ》ぴきのいわしをつかみ出《だ》して、もと来《き》た方《ほう》へかけだしました。そして、兵十《ひょうじゅう》の家《うち》の裏口《うらぐち》から、家《うち》の中《なか》へいわしを投《な》げこんで、穴《あな》へ向《むか》ってかけもどりました。

途中《とちゅう》の坂《さか》の上《うえ》でふりかえって見《み》ますと、兵十《ひょうじゅう》がまだ、井戸《いど》のところで麦《むぎ》をといでいるのが小《ちい》さく見《み》えました。

ごんは、うなぎのつぐないに、まず一《ひと》つ、いいことをしたと思《おも》いました。

つぎの日《ひ》には、ごんは山《やま》で栗《くり》をどっさりひろって、それをかかえて、兵十《ひょうじゅう》の家《うち》へいきました。裏口《うらぐち》からのぞいて見《み》ますと、兵十《ひょうじゅう》は、午飯《ひるめし》をたべかけて、

茶碗《ちゃわん》をもったまま、ぼんやりと考《かんが》えこんでいました。へんなことには兵十《ひょうじゅう》の頬《ほっ》ぺたに、かすり傷《きず》がついています。どうしたんだろうと、ごんが思《おも》っていますと、兵十《ひょうじゅう》がひとりごとをいいました。

「一《いっ》たいだれが、いわしなんかをおれの家《うち》へほうりこんでいったんだろう。おかげでおれは、盗人《ぬすびと》と思《おも》われて、いわし屋《や》のやつに、ひどい目《め》にあわされた。」と、ぶつぶつ言《い》っています。

ごんは、これはしまったと思《おも》いました。かわいそうに兵十《ひょうじゅう》は、いわし屋《や》にぶんなぐられて、あんな傷《きず》までつけられたのか。

ごんはこうおもいながら、そっと物置《ものおき》の方《ほう》へまわってその入口《いりぐち》に、栗《くり》をおいてかえりました。

つぎの日《ひ》も、そのつぎの日《ひ》もごんは、栗《くり》をひろっては、兵十《ひょうじゅう》の家《うち》へもって来《き》てやりました。そのつぎの日《ひ》には、栗《くり》ばかりでなく、まつたけも二《に》、三《さん》ぼん

もっていきました。

4

月《つき》のいい晩《ばん》でした。ごんは、ぶらぶらあそびに出《で》かけました。中山《なかやま》さまのお城《しろ》の下《した》を通《とお》ってすこしいくと、細《ほそ》い道《みち》の向《むこ》うから、だれか来《く》るようです。話声《はなしごえ》が聞《きこ》えます。チンチロリン、チンチロリンと松虫《まつむし》が鳴《な》いています。

　ごんは、道《みち》の片《かた》がわにかくれて、じっとしていました。話声《はなしごえ》はだんだん近《ちか》くなりました。それは、兵十《ひょうじゅう》と加助《かすけ》というお百姓《ひゃくしょう》でした。

「そうそう、なあ加助《かすけ》。」と、兵十《ひょうじゅう》がいいました。

「ああん？」

「おれあ、このごろ、とてもふしぎなことがあるんだ。」

「何《なに》が？」

「おっ母《かあ》が死《し》んでからは、だれだか知《し》らんが、おれに栗《くり》やまつたけなんかを、まいにちまいにちくれるんだよ。」

「ふうん、だれが？」

「それがわからんのだよ。おれの知《し》らんうちに、おいていくんだ。」

ごんは、ふたりのあとをつけていきました。

「ほんとかい？」

「ほんとだとも。うそと思《おも》うなら、あした見《み》に来《こ》いよ。その栗《くり》を見《み》せてやるよ。」

「へえ、へんなこともあるもんだなア。」

それなり、二人《ふたり》はだまって歩《ある》いていきました。加助《かすけ》がひょいと、後《うしろ》を見《み》ました。ごんはびくっとして、小《ちい》さくなってたちどまりました。加助《かすけ》は、ごんには気《き》がつかないで、そのままさっさとあるきました。吉兵衛《きちべえ》というお百姓《ひゃくしょう》の家《うち》まで来《く》ると、二人《ふたり》はそこへはいっていきました。ポンポンポンポンと木魚《もくぎょ》の音《おと》がしています。窓《まど》の障子《しょうじ》にあかりがさしていて、大《おお》きな坊主頭《ぼうずあたま》がうつって動《うご》いてい

ました。ごんは、
「おねんぶつがあるんだな。」と思《おも》いながら井戸《いど》のそばにしゃがんでいました。しばらくすると、また三人《さんにん》ほど、人《ひと》がつれだって吉兵衛《きちべえ》の家《うち》へはいっていきました。お経《きょう》を読《よ》む声《こえ》がきこえて来《き》ました。

5

ごんは、おねんぶつがすむまで、井戸《いど》のそばにしゃがんでいました。兵十《ひょうじゅう》と加助《かすけ》は、また一《いっ》しょにかえっていきます。ごんは、二人《ふたり》の話《はなし》をきこうと思《おも》って、ついていきました。兵十《ひょうじゅう》の影法師《かげぼうし》をふみふみいきました。

お城《しろ》の前《まえ》まで来《き》たとき、加助《かすけ》が言《い》い出《だ》しました。

「さっきの話《はなし》は、きっと、そりゃあ、神《かみ》さまのしわざだぞ。」

「えっ？」

と、兵十《ひょうじゅう》はびっくりして、加助《かすけ》の顔《かお》を見《み》ました。

「おれは、あれからずっと考《かんが》えていたが、どうも、そりゃ、人間《にんげん》じゃない、神《かみ》さまだ、神《かみ》さまが、お前《まえ》がたった一人《ひとり》になったのをあわれに思《おも》わっしゃって、いろんなものをめぐんで下《くだ》さるんだよ。」

「そうかなあ。」

「そうだとも。だから、まいにち神《かみ》さまにお礼《れい》を言《い》

うがいいよ。」

「うん。」

　ごんは、へえ、こいつはつまらないなと思《おも》いました。

おれが、栗《くり》や松《まつ》たけを持《も》っていってやるのに、そのおれにはお礼《れい》をいわないで、神《かみ》さまにお礼《れい》をいうんじゃア、おれは、引《ひ》き合《あ》わないなあ。

6

そのあくる日《ひ》もごんは、栗《くり》をもって、兵十《ひょうじゅう》の家《うち》へ出《で》かけました。兵十《ひょうじゅう》は物置《ものおき》で縄《なわ》をなっていました。それでごんは家《うち》の裏口《うらぐち》から、こっそり中《なか》へはいりました。

そのとき兵十《ひょうじゅう》は、ふと顔《かお》をあげました。と狐《きつね》が家《うち》の中《なか》へはいったではありませんか。こないだうなぎをぬすみやがったあのごん狐《ぎつね》めが、またいたずらをしに来《き》たな。

「ようし。」

兵十《ひょうじゅう》は立《た》ちあがって、納屋《なや》にかけてある火縄銃《ひなわじゅう》をとって、火薬《かやく》をつめました。

そして足音《あしおと》をしのばせてちかよって、今《いま》戸口《とぐち》を出《で》ようとするごんを、ドンと、うちました。ごんは、ばたりとたおれました。兵十《ひょうじゅう》はかけよって来《き》ました。家《うち》の中《なか》を見《み》ると、土間《どま》に栗《くり》が、かためておいてあるのが目《め》につきました。

「おや。」

と兵十《ひょうじゅう》は、びっくりしてごんに目《め》を落《おと》しました。

「ごん、お前《まえ》だったのか。いつも栗《くり》をくれたのは。」

ごんは、ぐったりと目《め》をつぶったまま、うなずきました。

兵十《ひょうじゅう》は火縄銃《ひなわじゅう》をばたりと、とり落《おと》しました。青《あお》い煙《けむり》が、まだ筒口《つつぐち》から細《ほそ》く出《で》ていました。

底本：「新美南吉童話集」岩波文庫、岩波書店
1997（平成9）年7月15日発行第2刷